Celebraciones en mi mundo

Navidad

Crabtree Publishing
crabtreebooks.com

Crabtree Publishing

crabtreebooks.com 800-387-7650

In Canada: We acknowledge the financial support of the Government of Canada through the Canada Book Fund for our publishing activities.

Author: Molly Aloian
Coordinating editor: Chester Fisher
Series editor: Susan Labella
Project manager: Kavita Lad (Q2AMEDIA)
Art direction: Dibakar Acharjee (Q2AMEDIA)
Cover design: Ranjan Singh (Q2AMEDIA)
Design: Neha Gupta (Q2AMEDIA)
Photo research: Sejal Sehgal Wani (Q2AMEDIA)
Editor: Kelley MacAulay
Copy editor: Adrianna Morganelli
Proofreader: Crystal Sikkens
Translation to Spanish: Daniela Villafaña-de la Vega
Spanish-language Copyediting and Proofreading: Base Tres
Project coordinator: Robert Walker
Print and production coordinator: Katherine Kantor
Font management: Mike Golka
Prepress technicians: Samara Parent, Ken Wright

Published in Canada Crabtree Publishing
616 Welland Avenue
St. Catharines, Ontario
L2M 5V6

Published in the United States Crabtree Publishing
347 Fifth Avenue
Suite 1402-145
New York, NY 10016

Photographs: Cover: BananaStock/Jupiter Images; Title page: Polka Dot Images/Jupiter Images; P4: Stephen Strathdee/Shutterstock; P5: Image Source Black/Jupiter Images; P7: Kitch Bain/ Fotolia; P9: Mary Evans Picture Library/Alamy; P11: Mary Evans Picture Library/Alamy; P13: Image Source Black/ Jupiter Images; P14: Chiyacat/Shutterstock; P15: Image Source White/ Jupiter Images; P17: Brand X Pictures/ Jupiter Images; P18: Image Source Pink/Jupiter Images; P19: Thinkstock Images/ Jupiter Images; P21: Comstock Images/Jupiter Images; P22: Vadim Volodin/Shutterstock; P23: AbackPhotography/ Istockphoto; P25: Homer W. Sykes/Alamy; P27: Nozomi Stall/Fotolia; P28: Image Source Pink/Jupiter Images; P29: BananaStock/Jupiter Images; P31: Bec Parsons/Getty Images

Paperback 978-1-0396-4426-7
Ebook (pdf) 978-1-0396-4386-4

Printed in Canada/112023/CP20231124

ÍNDICE

¿Qué es la Navidad? 4
Solsticio de invierno 6
Saturnalia 8
El nacimiento 10
Decoraciones 12
Árboles de Navidad 14
Cantando canciones 16
Golosinas de Navidad 18
Pensando en los demás 20
Dando regalos 22
Asistiendo a la iglesia 24
Santa Claus 26
El día de Navidad 28
Alrededor del mundo 30
Glosario e índice analítico 32

¿Qué es la Navidad?

La Navidad es una fiesta **cristiana**. Los cristianos creen que Jesucristo es el Hijo de Dios. Jesucristo vivió hace más de dos mil años en una ciudad llamada Nazaret. Las personas creían que él podía hacer milagros. Jesús le habló al pueblo acerca de Dios.

- Las personas llevan árboles de Navidad a sus casas y los decoran para esta fiesta.

¿SABÍAS QUE...?

Las personas celebran la Navidad con familiares y amigos. Es una época de paz, regocijo y felicidad. ¡También es una época de diversión!

Los cristianos creen que Jesús murió por los pecados de los demás, fue sepultado y resucitó de la muerte. La Navidad es la celebración del nacimiento de Jesús. Cada año, las personas festejan la Navidad el 25 de diciembre.

Esta familia está celebrando la Navidad.

Solsticio de invierno

Tiempo atrás, los europeos celebraban el solsticio de invierno, o el día más corto del año, alrededor del 21 de diciembre. Festejaban este día porque significaba que la parte más dura del invierno había terminado. Las personas podían esperar días más largos y más horas de luz. Para celebrar el solsticio de invierno, encendían troncos grandes, llamados troncos de Yule, para hacer **hogueras**. El final de diciembre era la única temporada del año en la que la mayoría de las personas podía conseguir carne fresca. Hacían banquetes, cantaban y bailaban.

¿SABÍAS QUE...?

Durante el solsticio de invierno las personas comían y bebían en abundancia.

Las personas encendían hogueras para celebrar que tendrían más horas de luz al día.

Saturnalia

Siglos antes del nacimiento de Jesucristo, las personas celebraban Saturnalia a finales de diciembre. La festividad honraba a Saturno, el dios de la agricultura. Saturnalia era una época de diversión y entretenimiento. Las personas organizaban banquetes y se daban regalos. Años después, los líderes de la iglesia cristiana quisieron celebrar el nacimiento de Jesucristo. Decidieron festejar su nacimiento cerca del fin del mes de diciembre. La fecha era cercana al solsticio de invierno y a Saturnalia. Fue así que adoptaron algunas **tradiciones** de Saturnalia.

¿SABÍAS QUE...?

Las personas conocen la historia del nacimiento de Jesús porque está escrita en un libro sagrado llamado Biblia.

El papa Julio I eligió el 25 de diciembre para la celebración. En un inicio, ese día fue llamado Fiesta de la **Natividad**. Con el tiempo, este día se convirtió en Navidad.

Saturno, el dios romano de la agricultura, se encargaba de sembrar las semillas.

El nacimiento

El relato del Nacimiento de Jesús es muy antiguo. Hace alrededor de 2 000 años, vivió en Judea, en el Imperio Romano, una mujer llamada María. María iba a tener un bebé. Ella y su esposo, José, caminaron a una posada en el pueblo de Belén. No había lugar para ellos, así que se instalaron en un **establo**. Antes de que María diera a luz, un ángel le dijo que su hijo sería el Hijo de Dios. María dio a luz a Jesús en el establo. Los pastores y tres Reyes Magos visitaron al bebé recién nacido.

¿SABÍAS QUE...?

Las personas tienen diferentes tradiciones para celebrar el nacimiento de Jesús.

Los Reyes Magos llevaron oro, incienso y mirra como regalo. El incienso y la mirra son aceites de aroma dulce.

Esta pintura muestra a María, José, los Reyes Magos y a Jesús recién nacido.

Decoraciones

Con frecuencia, las personas decoran sus casas y comunidades para celebrar la Navidad. La tradición de poner decoraciones para Navidad inició cuando los europeos adornaban sus hogares y castillos con acebo, hiedra y muérdago durante Saturnalia. Hoy en día, las personas cuelgan luces dentro y fuera de sus casas un par de semanas antes de la Navidad. Algunas colocan arreglos navideños coloridos en sus jardines. En algunas ciudades, corporativos, bancos, tiendas y otros negocios también son decorados con luces navideñas.

¿SABÍAS QUE...?

Algunos niños cuelgan calcetines un par de semanas antes de la Navidad o en Nochebuena. Pequeños regalos, juguetes o fruta son colocados dentro de los calcetines.

En Navidad, muchas personas cuelgan coronas de flores en sus puertas, muérdago en la entrada, compran plantas de nochebuena y adornan con acebo. ¡Decorar es una manera de contagiar el espíritu navideño y de compartirlo con los demás!

Esta familia está colocando las decoraciones navideñas.

Árboles de Navidad

Los árboles de Navidad son decoraciones navideñas populares. Algunos creen que los **inmigrantes** provenientes de Alemania fueron los primeros en difundir la tradición de colocar árboles perennes reales en sus casas. Colocaban los árboles en el interior porque creían que brindarían fortuna a sus familias. Hoy en día, las personas decoran los árboles de Navidad con ornamentos y luces.

- Un árbol de Navidad es un símbolo de vida **eterna**.

¿SABÍAS QUE...?

Las píceas, los abetos y los pinos son buenas opciones para tu árbol de Navidad. Estos árboles son de hojas perennes. Los árboles de hojas perennes conservan sus hojas durante todo el año.

Es divertido decorar el árbol de Navidad con tus amigos y tu familia.

Cantando canciones

En Navidad, algunas personas caminan por su vecindario y se detienen frente a las casas para cantar unas canciones llamadas villancicos. En el siglo XVI, las personas cantaban villancicos para bailar al ritmo de la música. Hoy en día, las personas cantan canciones de Navidad para transmitir la alegría festiva y para hablar con los demás de la vida de Jesús. Algunos villancicos navideños populares son *Noche de paz, Adornen los salones* y *Venid y adoremos*. Con frecuencia, los niños cantan villancicos en conciertos navideños escolares como parte de un coro.

¿SABÍAS QUE... ?

Músicos de todo el mundo tocan y cantan canciones navideñas durante la época de Navidad.

Sus familias y amigos asisten a los conciertos para escuchar al coro cantar. Muchas personas también cantan canciones de Navidad en coros en las iglesias.

Estas personas están cantando villancicos navideños.

Golosinas de Navidad

Durante la época de Navidad, algunas personas preparan golosinas navideñas deliciosas para servir a sus invitados o para llevar a la casa de alguien más. Hornean pasteles y galletas de Navidad, así como tartas y pudines. En ocasiones, a las galletas se les da forma y se les decora para que parezcan árboles de Navidad, calcetines, bastones de caramelo, estrellas y ángeles.

- Los bastones de caramelo son una golosina navideña.

¿SABÍAS QUE...?

Hace mucho tiempo, una golosina navideña popular era un pudín cocido mezclado con nueces, huevo y miel. Se llamaba frumenty.

Algunas personas construyen pequeñas casas de jengibre y las decoran con glaseado. También pueden preparar troncos de Yule de chocolate. Un tronco de Yule es un pastel que tiene la forma de uno de los troncos de Yule que se quemaban hace mucho tiempo en las celebraciones del solsticio de invierno.

A los niños les divierte preparar golosinas especiales de Navidad.

Pensando en los demás

Una de las razones por las que las personas preparan golosinas de Navidad es para contagiar la alegría navideña. Mientras se aproxima la Navidad, las personas se desean «¡Felices Fiestas!». La Navidad es una época para que las personas piensen en sus familias y amigos, así como en los desconocidos. Muchas personas les dan comida o regalos a los menos afortunados. También **donan** juguetes a los niños de familias de escasos recursos. Algunos participan como voluntarios en comedores comunitarios, donde se les da comida a los más necesitados.

¡SABÍAS QUE...?

Algunas personas envían tarjetas postales navideñas a sus familiares y amigos. Muchas de las postales están decoradas con imágenes navideñas muy hermosas.

Algunas personas exhiben sus cartas de Navidad para que todos puedan verlas.

Dando regalos

Dar y recibir regalos es una tradición popular de Navidad. Con frecuencia, los niños escriben listas de los regalos que les gustaría recibir. Las personas también planean qué es lo que van a preparar o comprar para dar a sus amigos y familias. Algunas personas hornean galletas y las obsequian a los demás.

- El papel navideño para envolver puede ser de muchos colores diferentes.

¿Sabías que...?

Dar regalos de Navidad honra la historia de los tres Reyes Magos que llevaron regalos a Jesús el día de su nacimiento. Las personas también dan regalos en señal de amabilidad y aprecio hacia los demás.

Las personas envuelven sus regalos de Navidad en papel navideño y los colocan debajo del árbol de Navidad. Muchas personas dan y reciben sus regalos en Nochebuena o en Navidad. La Nochebuena es la noche previa al día de Navidad.

Es divertido dar y recibir regalos en Navidad.

Asistiendo a la iglesia

La Nochebuena es una ocasión especial para muchos. En Nochebuena, algunas personas van a la iglesia. Las iglesias suelen ofrecer servicios religiosos a la luz de las velas o misas de medianoche. Quienes acuden a la iglesia piensan en el nacimiento de Jesús, oran por la paz y dan gracias. La mayoría de las personas también canta canciones de Navidad cuando asiste a la iglesia. Antes de visitar la iglesia en Nochebuena, algunas personas adornan sus árboles y cuelgan sus calcetines navideños.

¿SABÍAS QUE...?

La Basílica de la Natividad es una iglesia localizada en Belén, Jerusalén. Muchos cristianos creen que el templo fue construido en el mismo lugar en el que nació Jesús.

Con frecuencia, los niños participan en la misa de Navidad.

Santa Claus

Los niños se van a dormir en Nochebuena y esperan que Santa Claus los visite durante la noche. Se tiene la creencia de que Santa Claus, un hombre alegre y regordete, viaja desde el Polo Norte para llevarle regalos a los niños. Él coloca los regalos debajo del árbol de Navidad o dentro de los calcetines navideños. Santa Claus puede tener distintos nombres. Algunos niños lo llaman San Nicolás. Otros le dicen Kris Kringle o Papá Noel.

¿SABÍAS QUE...?

El nombre «Santa Claus» proviene de una antigua palabra danesa para San Nicolás. San Nicolás fue uno de los primeros **obispos** *cristianos. Era amable con los niños y generoso con los más necesitados.*

Santa Claus es conocido por ser un hombre alegre que viste un traje rojo y lleva una abundante barba blanca.

El día de Navidad

Muchas personas asisten a la iglesia en Navidad. Familiares y amigos también disfrutan de una cena especial ese día. Las personas preparan comida en abundancia e invitan a otros a sus casas. Distintas personas comen distintos platos tradicionales, pero son varias las que comen pavo, jamón, cerdo asado, papas, arándanos y más.

- En Navidad se disfrutan platos y bebidas especiales.

¿SABÍAS QUE...?

El Adviento se festeja justo antes de la Navidad. Dura alrededor de un mes. Cada día antes de Navidad, algunos niños van abriendo una ventana en un calendario de adviento para descubir una pequeña imagen festiva.

Las bebidas navideñas incluyen el ponche de huevo y la sidra de manzana. La mayoría de las personas agradecen por todos los alimentos que tienen para comer y para compartir con los demás. Algunas personas dicen oraciones antes de iniciar la cena de Navidad. Oran para dar las gracias a Dios por todo lo que poseen y por sus seres queridos.

A muchas personas les emociona poder reunirse con sus familias para divertirse y compartir platos navideños.

Alrededor del mundo

En algunas regiones de Estados Unidos y Canadá, el clima es frío y cae nieve en Navidad. En otras partes del mundo, como Australia, el clima navideño es caluroso y soleado. ¡Las personas pueden ir a la playa y hacer una parrillada de Navidad! En cada país hay tradiciones de Navidad diferentes. Los cristianos ortodoxos orientales dan y reciben regalos el 6 de enero, que es el día de la Epifanía.

¿SABÍAS QUE...?

En México, España y Argentina, algunos niños colocan un zapato fuera de su cuarto en Nochebuena. Esperan que los Reyes Magos llenen sus zapatos con regalos.

La Epifanía es el décimo segundo y último día de la época navideña. La Epifanía celebra el día en el que los Reyes Magos vieron a Jesús por primera vez y le dieron regalos.

Estos niños están disfrutando de una Navidad calurosa y soleada.

Glosario

cristiana: Persona que cree que Jesucristo es el Hijo de Dios.

donan: Que dan a quien más lo necesita.

establo: Una construcción en la que los animales son resguardados y alimentados.

eterna: Que se conserva para siempre.

hogueras: Grandes fogatas al aire libre.

inmigrantes: Las personas que llegan a vivir a un país.

Natividad: El nacimiento de Jesús.

obispos: Miembros de alto rango de la iglesia católica.

tradiciones: Costumbres o creencias que se transmiten de generación en generación.

Índice analítico

amigos: 4, 15, 17, 20, 22, 28

árbol(es) de Navidad: 4, 14, 15, 18, 23, 26

Belén: 10, 24

Biblia: 8

calcetines: 12, 18, 24, 26

canta(ba, ban, n, r): 6, 16, 17, 24

clima: 30

comida/alimentos/golosinas: 6, 18–20, 28, 29

cristiana(o, s): 4, 5, 8, 24, 26, 30

decora(ciones, dos, n, r): 4, 12–15, 18, 19

europeos: 6, 12

familia(res, s): 4, 5, 13, 14, 15, 17, 20, 22, 28, 29

iglesia(s): 8, 17, 24, 25, 28

Jesucristo/Jesús: 4, 5, 8, 10, 11, 16, 22, 24, 31

Nochebuena: 12, 13, 23, 24, 26

regalo(s): 8, 11, 12, 20, 22, 23, 26, 30, 31

Santa Claus: 26, 27

Saturnalia: 8, 9, 12

solsticio de invierno: 6, 8, 19

tradición(onales, ones): 8, 10, 12, 14, 22, 28, 30

tronco(s) de Yule: 6, 19